Filosofia da Merda

por

Ruy Miguel

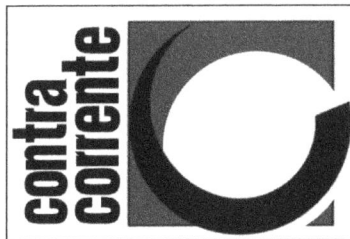

CONTRA-CORRENTE

Lisboa, 2014

Título: *Filosofia da Merda*
Autor: Ruy Miguel
© 2014, IAEGCA
© 2014, Contra-Corrente
© 2014, Ruy Miguel

Todos os direitos para a publicação desta obra
em língua portuguesa reservados por IAEGCA.

Esta edição NÃO SEGUE a grafia do Novo Acordo Ortográfico da Língua Portuguesa.

Revisão: Rui Amiguinho
Paginação: Flávio Gonçalves
Capa: Nelson Fonseca
Impressão: Digital Printing Solutions e CreateSpace
Edição e Distribuição: IAEGCA
Colecção: Contra-Corrente

Impresso nos Estados Unidos da América e na União Europeia

ISBN: 978-989-98807-0-2
Depósito Legal:

Printed in the United States of America and in the European Union

Para obter informação acerca dos preços de compra
por atacado e consignações, é favor contactar:
distronr@gmail.com

Filosofia da Merda

por

Ruy Miguel

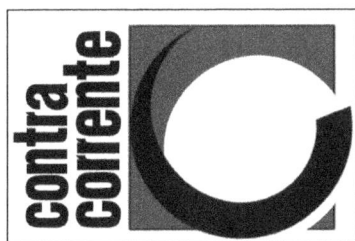

CONTRA-CORRENTE

Lisboa, 2014

Obras publicadas nesta colecção:

ÍNDICE

INTRODUÇÃO

Os dicionários mais antigos omitem – não sei se pelo conservador "parece mal" – a palavra **MERDA**. A verdade é que, todos concordarão, se trata de uma palavra de uso quotidiano, que faz parte (desde quando?) do linguajar dos portugueses, a todos os níveis sociais.

Talvez por isso mesmo, os dicionários mais recentes referem o termo e não se ficam só pela merda. Vejamos:

merda (do Lat. *merda*), s. f. matérias fecais; excremento; porcaria; coisa insignificante s. *m.* (fig.) indivíduo reles, sem dignidade; *interj.* indicativa de desprezo, repulsão ou exasperação; (*gir.*) droga.

merdalha s.f. (*pleb.*) gente ordinária, escória, ralé.

merdice s.f. (*pleb.*) coisa suja ou de pouco valor, porcaria; acção indigna.

merdícola (do Lat. *merda* + *col,* r. *de colere,* morar), *adj. 2 gén.* que se desenvolve nos excrementos; diz-se especialmente de uma formiga que põe os ovos em bostas.

merdívoro (do Lat. *merda* + *vor,* r. de *vorare* comer), *adj.* diz-se dos insectos que se nutrem de excrementos.

Mas a merda não se fica por aqui. Vale a pena citar as referências à mesma num dicionário de sinónimos.

merda, excremento, fezes, feculência, caca, borras, dejecto, cocó; sedimento; obra; ; porcaria, imundície, imundícia, desasseio, sujidade, merdice, insignificância; porra! arre! irra!; droga;

merdas, zé-ninguém, joão-ninguém.

merdalha, escória, ralé, escoalha, escumalha, escumelho, alfinago.

merdice, porcaria, merda, imundície, imundícia, desasseio, sujidade

***

Não será novidade para ninguém que, em privado ou em público, o termo "merda" faz parte das conversas do dia-a-dia. Vai longe o tempo em que o adulto era considerado "ordinário" ou "mal-educado" quando utilizava o termo, ou a criança se arriscava a um tabefe ou puxão de orelhas.

Hoje, é vulgar ouvir-se "já fizeste merda" ou "já fiz merda". Em qualquer dos casos a expressão significará "erro" ou coisa "mal feita".

Filosofar sobre a merda, na vida actual, poderá ser considerado filosofismo mas, falsa ou não, a filosofia neste caso não é mais do que uma análise a princípios e a causas o que corresponde aos princípios da ciência que é a Filosofia.

Pode mesmo considerar-se que se trata de um raciocínio ou de uma meditação, não deixando de ser racional.

Já vimos que a Filosofia é "a ciência geral dos princípios e causas" mas, o que ainda não dissemos, é que filosofar é "argumentar sobre qualquer matéria científica" e "discorrer com subtileza", o que me parece difícil tendo em conta que filósofo é "o que se aplica ao estudo dos princípios e causas" e "o que leva uma vida tranquila e livre de preconceitos sociais". Mas será que é possível levar uma vida tranquila e livre de preconceitos sociais sem provocar merda? No meio de tanta merda será possível discorrer com subtileza? Não me parece.

A merda não se limita, como todos sabem ou têm agora oportunidade de saber, a ser um dejecto, um excremento. É, também, uma conclusão sobre um acto, um estado de espírito, uma reacção ou a simples conclusão de uma consequência desagradável. Pode ser também uma qualificação social.

Poder-se-á considerar que esta minha iniciativa, não sendo eu um filósofo – o que não impede que o possa ser – não passa de um "acto de merda". Sou o primeiro a reconhecer essa possibilidade ou realidade, como queiram, e a sujeitar-me às consequências que daí possam advir.

É costume dizer-se que, "quanto mais se mexe na merda mais mal cheira" o que, sendo uma realidade, fácil de experimentar para qualquer mortal, não se aplica contudo ao presente caso. A verdade é que, deste modo, as consequências podem ser muitas, com excepção do cheiro, que é apenas imaginável, baseado em recordações olfactivas de momentos íntimos ou públicos, estes últimos, temos de reconhecer, sempre muito desagradáveis. É a merda em público.

Quando em qualquer sítio pisamos merda - humana ou animal – sobretudo aquela que revela um mau estado dos intestinos, trata-se de um momento, testemunhado ou não por terceiros, de que fica uma má recordação ou, se preferirem, uma conclusão... de merda.

É um facto que convida a filosofar, uma vez que se trata de um princípio ou de uma causa, estando portanto de acordo com as regras mais elementares da Filosofia, mesmo a de trazer por casa.

Como causa podemos considerar a revolta, que se gera naturalmente contra o autor desconhecido (ou não) da merda e a vontade de lhe aplicar uma sanção violenta, tipo murro ou pontapé o que, em qualquer dos casos, é proibido ou pelo Código Penal ou pelos Direitos dos Animais, o que não deixa de ser uma merda a conter-nos a fúria.

Já como princípio, não há qualquer relação com a lei mas sim com o hábito de andar olhando em frente. Desde pequenos que nos querem a andar de cabeça levantada, olhando em frente. Quando vamos para a tropa é o mesmo, - cabeça levantada, peito p'ra fora, barriga p'ra dentro - sempre de cabeça levantada e aí, temos de reconhecer que não há qualquer hipótese de nos desviarmos, de toda e qualquer merda que esteja no caminho.

Quando o animal autor não está em bom estado intestinal, e a merda em vez de devidamente endurecida sai quase líquida, não terão dúvidas em que as consequências são ainda mais desagradáveis, quer devido ao estado em que ficam os sapatos, sejam eles de homem ou de senhora, quer pela dificuldade em eliminar o cheiro natural da dita.

É lamentavelmente verdade que há sempre a possibilidade de em qualquer esquina, rua ou avenida, haver uma merda desconhecida que espera por nós e, daí, a conveniência em irmos vendo, com redobrada atenção, onde pomos os pés.

Em termos gerais não nos ocorre, de momento, algo mais para dizer sobre este aspecto a não ser que, quer queiramos ou não, há sempre merda à nossa volta.

"HÁ MERDA NO BECO"

Trata-se, como sabem (?), de uma expressão muito popular tal como a "já há merda". Não me parece fácil encontrar a sua origem mas será, muito provavelmente, tão antiga quanto a existência de becos. Considerando mesmo que a palavra merda provém do latim, não será impossível que o beco tenha pelo menos origem na Roma dos Césares.

Mas o termo "beco" poderá ser meramente simbólico, talvez porque tenha sido utilizado pela primeira vez relativamente a um beco, o que não invalida que possa ter tido origem num qualquer velho quadro de revista do Parque Mayer. Digamos a propósito que, agora, é uma merda vê-lo vazio, depois dos tempos áureos que viveu.

Ora, embora continue a haver muitos becos em Lisboa, Porto, Coimbra e muitas outras grandes cidades do País, eles são, segundo creio, raros noutras localidades onde a abundância de espaço não lhes deu qualquer hipótese de existência.

E porque não em vez de beco, dizer-se avenida, rua ou travessa, já que a merda pode surgir em qualquer lado e, portanto, em qualquer tipo de arruamento? Será que pretende significar que se trata de uma situação sem saída? Confesso que não sei e, também não se justificará meditar muito mais sobre o caso. Não posso ir além do simbólico que já referi: o beco, sendo mesmo beco, não tem saída. Quantas vezes, ao longo da vida, nos consideramos "num beco sem saída" o que, normalmente é uma situação de merda...que não desejo a ninguém.

Retomando a corrente inicial do raciocínio, importa procurar encontrar uma explicação plausível para a expressão.

Poderá ser uma rixa, uma desordem com a presença numerosa da Polícia, um incêndio com a inevitável presença de um maior ou menor número de bombeiros, a presença do 112 também com um maior ou menor número de ambulâncias, que pressupõe um qualquer tipo de acidente como alguém que se sentiu mal, foi atropelado, caiu (ou foi empurrado) de uma janela ou varanda... etc., etc., etc.. Em qualquer dos casos não há grande margem para dúvidas de que é uma merda.

Já quanto à expressão "ali já há merda", sendo à primeira vista uma afirmação pode contudo corresponder apenas a uma ideia apressada, precipitada, perante uma situação que se adivinha anormal.

Considerando que, tratando-se de uma afirmação, "já há", também poderá ser uma interrogação, por falta de informação pormenorizada sobre o sucedido. De qualquer modo, não me parece fácil encontrar, também neste caso, uma explicação satisfatória, o que não deixa de ser igualmente uma merda.

ISTO É UMA MERDA!

Também é frequente a junção do termo "porra" à palavra merda: "Porra, isto é uma merda!" Creio que se trata, não apenas de uma forma de demonstrar uma grande indignação mas, sobretudo, de reforçar, de sublinhar o facto de ser "uma merda". Não deixa contudo de ser uma redundância, já que, como vimos, porra é um sinónimo de merda.

No nosso País, em zonas rurais do interior, porra, porrete ou cachaporra não deixa de ser um pau, de maior ou menor diâmetro, muitas vezes utilizado como arma de defesa ou de ataque. Não tem nada, à primeira vista, a ver com merda senão quando utilizado para agressão. Então sim, até pode ser uma grande merda!

CASEIRAS

Admitamos, como mero exemplo, que acontece em nossa casa o rebentamento de um cano, mesmo sem ser o que dá escoamento à sanita. Neste caso a merda vai para o vizinho de baixo... Desde logo a ideia de que será necessário chamar um canalizador (a menos que o sejamos profissionalmente), mesmo esquecendo o pagamento da reparação, arrasta por si só a imposição de uma despesa não orçamentada o que é naturalmente, só por si, uma merda, sobretudo nos tempos que vão correndo que são de contenção de despesas. Mas a utilização da palavra tema poderá significar também uma inundação o que nos obrigará, no máximo a chamar os bombeiros e, no mínimo a andar de cú para o ar, com baldes e esfregonas, a tentar "apanhar" a água e, sobretudo, a canalizá-la para um recipiente que evite que ela se espalhe de forma desagradável.

Mas, as consequências da aludida rotura de um cano, não se ficam por aqui. Reparado o cano, porque foi necessário rebentar com a parede, de estuque ou de azulejos, há que recorrer aos serviços de um mestre-de-obras e de pedreiros e ladrilhadores, que irão pesar na factura final.

Dada a natureza do acidente, a merda será ainda muito maior se aparecerem os vizinhos de baixo a chatear, por terem água a pingar do tecto e a estragar móveis e carpetes. Aí, não há dúvidas de que é mesmo uma grande merda.

Mas há muitas outras situações a que a palavra se aplica. Um caso frequente é o da chamada má vizinhança, traduzida em música tocada em altos berros, quando já nos encontramos a dormir ou a caminho de uma boa soneca. Ou a discussão acalorada entre um casal, no andar de cima, a horas tardias. Enfim, é uma merda.

HÁ MUITAS MERDAS

Talvez acabemos por concluir não ser exagerado dizer – como aliás já dissemos - que vivemos rodeados de merda. Não me refiro ao lixo tradicional que decora ruas e passeios, obrigando os tradicionais "almeidas", mais correctamente "cantoneiros de limpeza", a um esforço constante, nem tão pouco à caquinha dos cachorros que nos obriga a uma atenção prudente para não ficarmos a cheirar a merda. Refiro-me ao falar corrente que nos enche os ouvidos, por todo o lado. Desde o clássico "vai à merda", que pode sugerir haver um local de destino conhecido de todos, ao merda para isto e para aquilo, há merda por todos os lados e para todos os gostos, ameaçando submergir-nos.

Somos levados a concluir que vivemos numa espécie de ilha, rodeada de merda por todos os lados.

Devemos ter também em consideração, para uma análise mais criteriosa, que à merda fisiológica de qualquer animal, racional ou irracional, há que juntar muitas outras produzidas no campo do trabalho, das finanças, da política, do desporto, etc., etc., etc.. Creio mesmo que não há sector algum da vida, nos nossos dias, que escape ileso e esteja isento de merdas.

Claro que cada uma delas, consoante a sua especificidade, tem características próprias. Mas uma das mais correntes, já que se encontra por toda a parte, é a merda da poluição que abrange desde os suínos à fumarada dos escapes *diesel*, passando pelos tão falados resíduos que andam há anos a querer incinerar nas cimenteiras. Como o não fazem qual irá ser o seu destino? Muito possivelmente, quando estiver a ler estas linhas, a queima nas cimenteiras já estará em curso... Se nas cidades escapamos a chafurdar nos excrementos dos porcos, vivemos alegremente envoltos nas fumaradas do *diesel*.

Há quem proteste – e julgo que com muita razão – contra o facto de os "táxis" serem todos a gasóleo, que será mais poluente que a gasolina. Como o gasóleo e a gasolina estão quase ao mesmo preço, a ser verdade não se justifica a sua circulação. Será? O que não tem dúvidas é que o cheiro do gasóleo é uma merda.

O que não deixa de ser curioso é que, enquanto o fumo dos cigarros é objecto de normas comunitárias e mobiliza a ira de milhares de não fumadores, a poluição provocada pelo fumo do gasóleo parece não incomodar ninguém...Será conformismo ou mera distracção?

A filosofia dominante na classe dirigente é, ou parece ser, a do "não chateiem" – o que equivale a dizer "deixem-se de merdas" -, o que também não deve surpreender ninguém. Já vivem tão rodeados de merda (problemas) que preferem naturalmente que não lhes falem nela. No campo da poluição impera o "salve-se quem puder" e, normalmente quem polui, enchendo-nos de merda safa-se, pois descobrir as de fontes de poluição dá muito trabalho e não deve dar muito dinheiro, para já não falar em ter que suportar "in loco" a merda dos cheiros.

Há também quem encolha os ombros porque, mais merda menos merda acaba por não ser muito importante, habituados talvez ao que se passa em certos sectores, como é o do futebol, onde há merda até dizer basta.

Claro que, neste caso, dada a globalização da prática deste rendoso "desporto", com muito boa vontade, e talvez pouco êxito, procura-se dourar a merda. Um bom exemplo disso, suficientemente elucidativo, é o caso do "Apito Dourado". Se calhar originalmente seria o "Apito de Merda" mas, para não sugerir odores fortes decidiram dourar a pílula e o vocabulário. Mas seria sem dúvida mais realista chamarem-lhe "Apito de Lata", pois é preciso ter muita lata para fazer tanta merda.

Mais modernamente, com repercussões a nível europeu, tivemos o "caso Mateus" de que se falou por todos os lados, incluindo como não podia deixar de ser nos "cabeleireiros" de homens.

O caso parecia ser sério, por causa da FIFA e o futebol nacional correria o risco de dar uma grande fifia... mas parece estar ultrapassado. Nunca mais se falou nisso. Num campo onde se "joga" com milhões, as broncas são mesmo uma grande merda. Mas, o mais provável é ter ficado tudo em "águas de bacalhau"... como já vai sendo habitual nas coisas dos futebóis.

A PÍLULA

A questão do aborto, mais conhecido por IVG (Interrupção Voluntária da Gravidez), que teve honras de segundo referendo, continua a levantar polémica e, com tanta discussão já cheira mal. É caso para perguntar por que raio as mulheres engravidam quando não querem ter filhos. Para além da pílula tradicional têm agora a pílula do dia seguinte mas, como mesmo assim continuam a engravidar contra vontade, não tardará muito a aparecer por aí a pílula em cima da hora.

Com a frequência dos abortos, perdão das interrupções forçadas da gravidez, sou levado a pensar que as campanhas contra a Sida, pugnando pelo uso do preservativo, não passam de uma grande treta. Creio mesmo que, mais dia menos dia, a "camisinha" vai ser distribuída gratuitamente, paga por todos nós. Já se levantam vozes a dizer que o pouco uso se deve ao alto preço. A ser assim e com distribuição gratuita, lá se vai a publicidade às clínicas espanholas por "água abaixo", muito embora o grande número de médicos objectores de consciência não pareça facilitar o recurso aos hospitais públicos.

Sou levado a pensar que as pessoas se estão borrifando para o preservativo, como implicitamente para a Sida e, só se lembram da prevenção quando a análise dá positiva. É como o velho ditado: "Só se lembram de Santa Bárbara quando faz trovões". Neste caso não há trovões mas análises positivas.

- Gaita! Estou grávida! Uma constatação de merda depois dos antecedentes de que falei.

Com a descriminalização do aborto, praticado livremente dentro do prazo legal, tudo parece tornar-se mais fácil à primeira vista. Abrem-se as portas dos hospitais públicos e, por conseguinte, deixa de ser necessário recorrer à clandestinidade ou às clínicas caras mas... continua a merda dos prazos e basta um dia a mais para estragar tudo. Não vai nada "por água abaixo" e lá volta o recurso à clandestinidade, não é?

A FILOLOGIA...

A Filologia é, como nos ensinam, o conhecimento de uma língua. A ser verdade cada vez temos menos filólogos, ou não? Creio que sim – o que é uma merda – e a ser verdade qualquer dia, pelo que verificamos quotidianamente, estamos todos a falar uma língua qualquer que não a nossa, que cada vez se fala e escreve pior. Da publicidade em jornais e revistas à televisão, é um nunca acabar de termos em inglês. Quando eles se referem a técnicas específicas, talvez não dê para aportuguesar. Mas é mais do que isso e, para muita gente, ouvir os múltiplos termos em inglês será mesmo de ficar como "boi a olhar para um palácio". É compreensível que haja linguagens técnicas mas do mesmo modo não se compreende que não sejam restritas a quem tem necessidade de as usar.

Reconheçamos, honestamente, que é uma perda de tempo e de dinheiro o que se vem fazendo (dizem) em defesa da língua, nomeadamente na televisão. Isto porque, na dita, é já vulgar o "assassinato" do português. Ainda há dias, ouvi uma qualquer simpática apresentadora dizer "ganhamos" quando devia ter dito "ganhámos". É o que manda a gramática quando se fala de passado. Ou já não é? E aquele convidado que foi apresentado como "colonista", depois rectificado para "colunista"...

Mas deixemo-nos de mais merdas. Acho que o ensino do inglês vai ser um êxito, dado o avançado grau de conhecimento adquirido através da invasão da música dita ligeira e dos constantes concertos de bandas estrangeiras. A merda é que corremos o risco de passar a cantar, uns para os outros, quando se queira falar inglês.

Voltando ao tema dominante, usa-se muitas vezes a palavra merda com intenção ofensiva. Como todos sabem, o "vai à merda" não é um piropo mas, sim um sinal de zanga, no mínimo de discordância. No entanto, quando usado entre colegas ou amigos, é geralmente bem tolerado. O mesmo não acontece com o "bardamerda". Aqui o caso muda de figura: o autor da expressão pode ser levado a tribunal e condenado, Mas o que verdadeiramente me intriga é a origem do termo bardamerda. Já é muito antigo, disso não tenho dúvidas, pois era ainda muito miúdo quando ouvi alguém dizer, a respeito de outra pessoa, que era um "bardamerda". Habituado a ir ao dicionário tirar dúvidas, fiquei na mesma pois ao contrário da merda, que já é citada, a única palavra que encontrei foi "barda", que significa grande quantidade.

Sendo assim, sou levado a admitir que um "bardamerda" é, provavelmente, um sujeito cheio de, ou atascado na... merda. Será?

Não me atrevo a avançar com conclusões pois o terreno é movediço como a merda e o dicionário, ao contrário do que eu esperava, não veio em meu socorro.

PARA TODOS OS GOSTOS

Tanto quanto julgo saber, a quantidade de termos ligados ao tema é grande e variado, como já tive a oportunidade de demonstrar citando os actuais dicionários.

Contempla inclusivamente, uma parte infantil, com a utilização dos termos "Cáca" ou "Cocó".

Acho que todos nos lembramos (?) de que, quando éramos pequerruchos, nos perguntavam se queríamos fazer "Cocó" ou "Caca" ou, éramos nós próprios a pedir "Cocó" ou "Caca".

Tenho na memória diversos termos, outrora usados nas aldeias, relacionados com merda: merdunça, merdança ou esfoirado e cagádo, termos que o (meu) dicionário não refere, como já vimos, mas que têm a ver com o termo em análise.

Os significados, no entanto, resumem-se a uma só palavra: merda.

No entanto vamos tentar explicar cada um deles.

"Merdunça" pode aplicar-se a qualquer coisa que não tenha qualidade e que não corresponde ao que se espera que seja.

"Merdança" assemelha-se ao anterior.

"Esfoira" é um termo que ouvi, pela primeira vez, numa aldeia e aplicado a merda de vaca em estado líquido, mas podendo, portanto, aplicar-se também ao homem quando se diz que está de "soltura" ou diarreia.

"Esfoirado (a)" aplica-se indistintamente ao homem, à mulher e ao animal quando fica sujo, pelas pernas ou patas abaixo.

"Cagádo" aplica-se normalmente tanto a pessoas como a animais sem que, no entanto, a merda propriamente dita esteja presente. Pode ser sujidade provocada por qualquer coisa: tinta, lama, óleo, etc., etc., etc., e pode aplicar-se também quando o sujeito está com medo: "Está cagádo de medo".

O calão tornou-se, entre nós, demasiado vulgar e diria mesmo que muitas destas palavras deviam ser adoptadas oficialmente como neologismos, dada a sua frequente utilização, por um cada vez maior número de pessoas de todas as escalas sociais. Convenhamos que, democraticamente, todos têm igual direito à merda.

A DOIS

Quando um casal resolve dar o nó (vulgo casamento) ou "juntar os trapinhos" – isto é, sem casamento, como parece estar na moda – muitas vezes para conseguir melhorar a vida, com a junção das receitas (e nalguns casos de famosos, pela publicidade que arrasta) nem por isso consegue viver bem.

O objectivo é conseguir que o "bolo" dê para tudo o que vida moderna exige: casa, roupa e calçado de marca, empregada doméstica aos bochechos, cabeleireiro (para ela e para ele), carro, gasolina, etc.,etc.,etc.. E de férias é melhor nem falar. Depressa concluem que é uma merda.

A velha história romântica de "amor e uma cabana", só se esta última for numa praia de Cancun, como as revistas "cor de rosa" publicitam.

Entre "apertar o cinto" e recorrer ao crédito, este é o meio mais tentador senão até o mais fácil para todos os que tenham menos de 65 anos. O pior são a merda dos juros, que têm sempre tendência para subir.

Não deixa de ser curiosa a meta dos 65 anos para várias coisas, entre as quais o crédito. Os "velhos" (para não dizer as múmias) estão lixados pois parece não terem direito a nada. É mesmo uma merda, não é?

Mas voltemos ao tema: a felicidade começa a esboroar-se e, ou o amor é muito grande ou, lá vem a merda da separação e voltam os dois ao princípio da sobrevivência.

Quando se entendem bem e discutem o que fazer para sair da fossa, surgem hipóteses várias de ganhar dinheiro, embora correndo riscos.

Mas no meio de tanta merda, mais um pouco já não altera nada para pior.

Mas nestas coisas de merda a dois, o que está na berra, cada vez mais, é a aquilo a que chamam "violência doméstica". E como na realidade é a dois, a violência tanto parte dele como dela porque, aquilo a que se costumava chamar "sexo forte", foi coisa que já passou à história. Actualmente, de acordo com aquilo que nos chega através da Comunicação Social, tanto são eles a levantar a mão como elas. Durante muito tempo tudo ficava entre paredes e, um olho negro ou uma nódoa negra, tinham sempre uma desculpa de "acidente". Depois começou a transpirar, a ser alvo da Lei e agora acaba tudo na esquadra ou na barra do Tribunal.

Ficámos também a saber que também os casais do mesmo sexo trocam "mimos" entre si o que nos leva a concluir que a merda é a mesma ou que a violência não tem sexo.

NO CRÉDITO

E já que falámos no crédito, vale a pena uma breve análise.

O crédito é uma espécie de carrossel. Anda à volta, roda sobre um eixo fixo o que significa que não se saí do mesmo sítio. Nas feiras o carrossel é um gozo, com o crédito é um pesadelo.

Como dinheiro fácil é uma tentação, pode levar a que se peça mais e mais e, a dada altura já estamos a pedir para pagar o que já devemos. Só então damos pela merda que fizemos.

É uma espécie de ginástica que não melhora o físico e nos faz a cabeça em merda.

Há quem lhe chame uma "bola de neve" mas, para mim, não deixa de ser é uma "bola de merda".

NA POLÍTICA

A política é um campo onde a merda não está de todo ausente, onde espreita a cada passo e a cada esquina os mais despreocupados ou os menos protegidos, que o mesmo será dizer, os insignificantes. Sim, porque singrar na política não é para qualquer um. Para além de um certo desafogo financeiro é necessário ter um nome que entre no ouvido. Um qualquer Silva não tem futuro garantido, a menos que tenha "padrinhos" influentes. Claro que uma licenciaturazita também ajuda à promoção.

É também fundamental saber falar, isto é, saber usar as palavras, porque uma palavra em falso e, é uma... merda.

A entrada na política começa com a manifestação de crédito numa ideologia e na convicção que se demonstra. Tradicionalmente existem Esquerda e Direita e a partir daqui registam-se subdivisões de ambos os lados. Há também quem considere haver Centro, o que não é carne nem peixe, e quem considere que não há. De qualquer modo teremos de reconhecer que é a posição ideal para "golpes de rins"... Permite condições de conveniência consoante a força da corrente e a oportunidade. Quando se chega ao poder, certos princípios tornam-se convenientemente maleáveis. Sendo assim, acaba por não haver grandes diferenças de actuação entre Esquerda e Direita, o que é uma merda.

As convicções têm uma perigosa dose de inconveniência quando não são poder e, geralmente conduzem a situações que são sempre más. É por isso, que os espertos não têm convicções, e se ficam pelas ambições.

Os "vira-casacas" têm normalmente o dom do oportunismo e revelam, senão inteligência, uma boa dose de esperteza e uma grande capacidade de adaptação às correntes dominantes.

Se o poder é de esquerda, tornou-se vulgar considerar a oposição como sendo de direita, mesmo que a sua ideologia seja tradicionalmente considerada de esquerda.

Dos Partidos à Assembleia, passando pelos Ministérios e Câmaras, o cenário é muito semelhante, isto é, porque em qualquer lugar é possível haver merda.

Quando há eleições, legislativas ou autárquicas, logo na altura da constituição das listas a submeter a sufrágio a coisa começa a ganhar contornos definidos. A ou B que esperavam ser escolhidos para um lugar elegível, ficam de fora, isto é, a fazer número no fim da lista. Que merda, dirão eles. Daí até ao dia das eleições há um período de acalmia em que tudo melhora, incluindo o cheiro. Um discurso menos inspirado ou, uma alusão ao chefe, menos feliz, passando por uma qualquer sigla trocada, leva logo os auditores a comentar: aquele já fez merda.

No dia das eleições, o nervosismo tanto pode levar a prisão de ventre como a uma arreliadora situação contrária, com frequentes e incómodas deslocações, nada oportunas, ao privado. Quando começam a ser divulgadas as contagens os que se vêm excluídos não deixarão de comentar, em aparte, "merda, ainda não foi desta."

O mesmo acontece durante os congressos onde, aparentemente, se procura lavar a merda toda, (há quem lhe chame roupa suja) o que geralmente não é conseguido, havendo apenas uma renovação nos nomes e na... Talvez por isso é que se ouve dizer, com frequência, que "a merda é a mesma, as moscas é que mudam".

Quando chega a hora da elaboração das listas para os órgãos de cúpula, quem fica de fora, quando esperava ganhar o "penacho", não pode deixar de comentar para os seus botões: "merda, já fui lixado" ou, "o gajo lixou-me."

Há ainda uma série de situações em que os mais espertos não agitam a merda que vem ao de cima, evitando assim todo o tipo de inconvenientes.

E quando a Comunicação Social descobre, por meio do "sopro" de alguém bem intencionado, que o nomeado para o lugar A ou B, é nem mais nem menos do que familiar de um alto cargo político? É uma merda pegada. E o desgraçado, se calhar, nem meteu "cunha", não é militante e é competente na sua área.

Mas temos que considerar que o êxito na política conduz à governação, isto é a ser governo, o que amplia esse êxito desde o primeiro ministro, passando pelos ministros, secretários e pessoal próximo, não esquecendo os deputados e até os militantes no partido vencedor.

No poder, os políticos, consoante os seus credos e anunciados programas, que normalmente não passam do enunciado, começam por encontrar um sem número de obstáculos naquilo que se convencionou chamar legislação, isto é, um sem número de leis que supostamente nos governam. Pois é, aqui é que começa a merda.

Depressa verificam que é necessário legislar para acabar com uma série de leis que os anteriores governos deixaram e que são contrárias aos novos interesses. Se o governo tem maioria parlamentar é fácil pois passa tudo o que quiser.

A merda começa quando são obrigados a pensar nas consequências, a prazo, das alterações pretendidas. O novo projecto dá votos ou faz perder votos?

Se o tempo é de "vacas gordas" não há risco de o Zé fazer um manguito mas, se pelo contrário o tempo é de "vacas magras" e o projecto anunciado mexe nos bolsos dos contribuintes, então é uma merda.

Felizmente já vão longe os tempos em que por qualquer coisa havia uma revolução e o governo arriscava-se a cair… na merda.

Com a adesão à União Europeia as revoluções deixaram de ser viáveis e ainda por cima, no nosso caso, deixámos de ter tropas em quantidade para fazer uma revolução digna de crédito. Não se trata de um problema de não haver munições já que as revoluções passaram a ser feitas sem tiros.

Vivemos numa democracia, segundo dizem mas, quando há uma maioria parlamentar a situação parece alterar-se. A oposição às decisões legislativas do Governo deixam de poder alterar o que ele pretende. Passa tudo, de tal modo que até parece que se vive em ditadura… Até já há quem, a brincar lhe chame "ditadura democrática"…

De um modo geral, convenhamos que "cada lei sua merda". Em particular as que são feitas com o objectivo de tirar qualquer coisa que parecia estar a mais. Se agradam a "gregos" não agradam a "troianos" e está tudo dito.

A lógica da maioria dos governos e seus mandantes, sobretudo quando têm maioria, é deixar subir os preços (com o olho no IVA), aumentando as receitas e obrigando os pobres pagantes a esticar os proventos até caírem na merda. Um alívio dado oportunamente, em ano de eleições, aumenta os votos... e as hipóteses de continuar no poder.

Muitas vezes, embora sem intenção, as leis acabam por ser fomentadoras daquilo a que se convencionou chamar "corrupção", isto é, um meio de ganhar algum "por baixo da mesa". Por vezes umas notas chorudas fazem fechar os olhos com facilidade...

É uma merda porque, em geral, quem se lixa não são os governantes, mas sim os pagantes.

Normalmente os governantes são pessoas bem instaladas na vida, o que os isenta à partida e até certo ponto, de sofrerem as consequências que atingem a maioria dos governados. Mas não quer dizer que sejam, de todo, imunes às tentações.

Quando a vida está difícil, o dinheiro fácil é o mais apetecido, e a merda está nisso mesmo.

Depois, inesperadamente para o Zé, chegou a crise e o horizonte negro da bancarrota, o pedido de ajuda externa, a vigência do neoliberalismo, a vinda da troika e tudo o mais que nos vai aos bolsos para tapar o buraco... que se vai revelando ser um buracão.

Toda esta merda provocou um desemprego nunca imaginado que está a tornar-se um pesadelo para quase um milhão de pessoas, a destruição da classe média, a pobreza que, em muitos casos chega à fome e a existência de um governo que parece não saber governar e de um ministro das Finanças que rivaliza com os escritores de ficção quando faz previsões.

Democraticamente falando, estamos a afundar-nos na merda...

NO DIA-A-DIA

Infelizmente para uns – para outros não – o dia a dia está cheio de merdas: roubos e assaltos a pessoas, bancos, multibancos e gasolineiras, a corrupção pequena e média, os crimes de "colarinho branco" (talvez por isso parecem estar a ficar fora de moda), as doenças transitórias e as definitivas que obrigam a chamar o cangalheiro, as apreensões de droga, o contrabando de vária índole, com particular ênfase para o tabaco. Nas feiras é um ver se te avias com as roupas contrafeitas e os cd´s e dvd´s a serem apreendidos pela ASAE, que parece ser a mais moderna e produtiva polícia do Regime.

Modernamente e apesar de dizerem que somos um povo pacífico, abundam os tiros por dá cá aquela palha e, dir-se-ia que a maioria das pessoas anda de pistola na algibeira. À porta dos bares então é uma "cowboyada".

A pequena criminalidade, isto é, os pequenos furtos cujo valor não vá além dos 97 euros deixam de dar cadeia a menos que os roubados paguem para que o caso seja considerado crime e julgado em tribunal. Só que a vítima tem que pagar à cabeça 200 euros de custas judiciais e advogado. Como nada garante que venha a ser indemnizado, mais vale não apresentar queixa e esquecer. É uma merda. Com a vantagem de os processos, nos tribunais, não aumentarem, a criminalidade essa vai aumentar mas, como não há queixas, o índice vai baixar e contribuir, assim, para a tranquilidade de todos, em especial dos gatunos. Não sou de intrigas mas quer-me parecer que a ideia vai dar votos...

Como se tanta merda não bastasse, temos agora o terrorismo. Lá chegará o tempo em que andaremos todos, na rua, com mil olhos no parceiro com ar oriental, desconfiados, não vá haver bomba... Por enquanto, o Bin Laden e a sua Al-Qaeda ainda não se lembraram de nós e espero bem que assim continuem.

Enfim, de qualquer modo, é tudo uma caca - perdão - uma merda.

NOS TRANSPORTES

Para ser franco devo dizer que, a partir da idade adulta, comecei a ter dificuldade em suportar os chamados transportes públicos colectivos, sobretudo os urbanos. Até mesmo os táxis, em especial a partir do momento em que deixei de poder fumar durante o percurso. A particularidade do "por motivos de saúde" irritava-me, por ser um caso de flagrante estupidez. Ora se o motorista sofria de alguma doença, como é que podia andar a conduzir num serviço público? A verdadeira razão sabia-a eu: para evitar que os estofos fossem queimados o que, tenho de reconhecer, era uma merda para o proprietário do veículo.

Nos autocarros e no metro, à vantagem do "passe" e do destino assegurado, não se pode negar que há uma série de coisas desagradáveis. Estas começam logo com a dificuldade em arranjar lugar sentado. No Verão, com a invasão dos turistas, nem os lugares reservados escapam. O aviso de reserva está lá mas, só em português. Se estivesse em latim, se calhar era melhor... Ora não se paga menos por viajar em pé, o que temos de reconhecer, não está certo. Viajar de pé é um tormento multifacetado, como vamos ver. Além dos odores desagradáveis, que se libertam mais facilmente, com a agitação, são os encontrões e desequilíbrios provocados pelos excelentes pavimentos que a cidade possui (Lisboa, claro está!) e, no "tudo ao molho", um mero encosto pode fazer voar a carteira para outras mãos.

Dos horários nem valeria a pena falar mas é evidente que, nas horas de maior volume de trânsito, com engarrafamentos e obstáculos inesperados, provocados sobretudo por carros mal estacionados ou de grande volume, que "andam a trabalhar", os condutores e motoristas não podem fazer milagres. É claro que as vítimas dos atrasos são os pobres passageiros que, ou não têm carro ou seguem aquele conhecido conselho de "utilize os transportes públicos". É ou não é uma merda?

NA SAÚDE

Claro que, como não podia deixar de ser, estou a referir-me ao conhecido e ainda não extinto Serviço Nacional de Saúde, cujos variados cuidados aos cidadãos os nossos excelentíssimos Governos vão tendo o cuidado de rever, numa excelente visão de optimização de recursos...

Tenho de reconhecer, por múltiplas oportunidades de contacto, que os profissionais médicos e pessoal de enfermagem obram verdadeiros prodígios. Mas não chega. A merda é que os doentes, talvez pela excelente qualidade de vida de que dispõem, aumentam na razão inversa dos equipamentos que vão sendo reduzidos por via da poupança.

Qualquer pessoa teme, e com razão, que ao ter necessidade de uma intervenção cirúrgica, seja chamado para a sala de operações depois de estar na cova do cemitério. Convenhamos que é uma merda. Todos – e são muitos – os que não têm possibilidade de recorrer ao sector privado, ficam em lista de espera... galego!

Já há quem considere que a actual política é uma "machadada" no já muito doente Serviço Nacional de Saúde, com o fecho de maternidades e urgências e obrigando os aflitos a percorrer longas distâncias numa situação de urgência. De facto deve ser mais barato ter o parto numa ambulância do que no hospital e também doentes em risco de vida, evitam mais despesas se, ao chegar ao hospital, o serviço for apenas verificar o óbito.

Parece que andam a brincar com a saúde do Zé, isto é, com a saúde pública. Que merda!

INTERNET E GLOBALIZAÇÃO

As maravilhas da Internet, que quase reduziram o Mundo ao monitor do computador, passando fronteiras sem passaporte, começam a revelar-se menos maravilhosas. Um espaço de bem começou a revelar-se também de mal. Os criminosos passaram a dispor de um meio vulnerável às suas piratarias e creio que – não tenho conhecimentos de informática que me permitam ir mais além – nem todos podem ser controlados nas suas acções. Não me alargo mais mas, creio que é uma merda.

A globalização de que tanto se fala, que uns dizem ser boa, outros má e, talvez a maioria não saiba bem o que é, parece-me ser uma tentativa de que tudo seja igual ao cimo da Terra o que, para já, me parece um absurdo. Nem os homens (e as mulheres) nem as nações podem aspirar, nos séculos mais próximos, a ser iguais. Para além das diferenças de raças, de cultura, de civilização, de credo, de usos e costumes, de alimentação, etc., etc., etc., há um sem número de coisas difíceis de enumerar que obstam a uma igualdade ideal. Enquanto em cada espaço do Mundo não houver entendimento e paz, casa, pão e água para todas as bocas, trabalho e salário justo para todos, essa coisa da globalização não passa de um sonho, de uma mentira, o que é uma merda.

NA MEMÓRIA

Há muitas coisas que nos ficam na memória, umas boas e outras más. Estas últimas, quase sempre, são coisas de merda.

Um dia, que já vai longe, um amigo meu foi roubado num hotel do Funchal. Uma manhã acordou com a estranha sensação de estar alguém dentro do quarto. Quando espraiou o olhar pareceu-lhe ver mexer o reposteiro que separava o quarto do pequeno corredor da porta de entrada. Ilusão, pensou ele. Quando se vestiu e se preparava para sair, foi à gaveta da secretária buscar carteira, agenda, caneta, etc., e, como fazia habitualmente, antes de meter a carteira no bolso do casaco abriu-a, para ver o dinheiro que tinha, e verificou que "tinha tido". Estava vazia. Pensou estar a sonhar mas era um facto. As notinhas tinham desaparecido. Que merda! – "Fui roubado"! Mas, acto contínuo, chegou à conclusão de que não tinha qualquer prova do roubo. Foi muito tempo depois que, por acaso, soube que havia chaves mestras dos quartos. Quem lhe roubou o dinheiro utilizou forçosamente esse sistema. Ainda hoje – diz - tem essa recordação de merda.

Outra merda, de que não me esqueço, deve-se à minha consciência de ser cumpridor das leis (mesmo as de merda). Uma noite, tinha acabado de sair do jornal onde era colaborador, em pleno Bairro Alto, quando fui surpreendido por uma cena pouco habitual. Um militar de camuflado (devia ir embarcar para o Ultramar), perdido de bêbado, fazia parar os automóveis e, segundo o que me pareceu, pedia dinheiro aos condutores, provavelmente para ir beber mais qualquer coisa. A cena fez parar vários automóveis e, naturalmente suscitar uma aglomeração de passantes. Perto estava um polícia, já de certa idade, que a única coisa que fazia era mandar andar as pessoas. Também mo disse e dei alguns passos, voltando a parar, já que não queria perder a cena.

O polícia descobriu uma maneira de se desenrascar. Chegou ao pé de mim e mandou-me acompanhá-lo à esquadra. Convicto das minhas obrigações, não disse nada e limitei-me a acompanhá-lo à esquadra mais próxima.

Meteram-me numa sala, onde já estavam algumas pessoas e outras foram chegando. Era cerca de meia-noite. Passadas umas duas horas, quando já começava a não achar graça ao episódio, abri a porta de guarda-vento da sala e avancei por um pequeno corredor que dava para a entrada da esquadra, dizendo alto: "Faz favor! Faz favor!". Sem favor um polícia de capacete de aço e metralhadora, que devia ter mais de dois metros, apareceu à entrada do corredor e disse-me com ar de poucos amigos: "Vá lá para dentro ou leva uma coronhada!"

Obedeci lesto, perante a ameaça, e não tive outro remédio senão continuar a esperar. Talvez meia hora depois apareceu um guarda, que me pediu a identificação, o que fazia e não fazia, anotando tudo numa folha. Expliquei as razões na origem da detenção e continuei à espera. Cerca de uma hora depois apareceu um guarda que, com muito bons modos, me "pediu" o favor de o acompanhar. Levou-me ao graduado de serviço que se desfez em desculpas e me disse que podia sair.

Achei que as desculpas eram de merda, que já tinha perdido horas de sono e que tudo não passara de uma grande merda. Disse-lhe isso, com bons modos, e fui para casa.

No dia seguinte, quando passei pelo jornal, que era um matutino, o director ao ver-me disse: "Mas afinal que anda você a fazer à noite pelo Bairro Alto, para ir parar à esquadra?"

Estavam explicadas, as desculpas de merda da véspera.

NO TRÂNSITO

Os automobilistas também não escapam a inúmeras situações de merda, não falando claro está no imposto automóvel.

Podemos começar pelos engarrafamentos que, com o constante pára-arranca obriga a gastar mais combustível, com o consequente peso no orçamento mensal. E então agora que os preços dos combustíveis estão pela hora da morte.

E não é só o preço do combustível, é também a variedade de prejuízos que podem decorrer de não chegarmos a horas ao destino.

Depois vem o custo das revisões mas, pior do que isso, os riscos e amolgadelas de toda a espécie e tamanho, sem que os causadores se acusem, para não verem o prémio do seguro aumentar. Longe vai o tempo em que se deixava um simpático cartãozinho no pára-brisas. Outros tempos, outras merdas.

Como os pavimentos estão normalmente esburacados, o desgaste nas molas e amortecedores é muito grande. Tapar buracos só quando eles ameaçam engolir algum autocarro... Em que será que é aplicada a verba resultante do imposto de circulação? Será a pagar assessores?

A falta de estacionamento quando se dirigem a qualquer lado é outra merda. Em situação de infracção o carro pode ser "bloqueado", rebocado e em qualquer dos casos não escapam à multa.

Quando há uma colisão que obriga a oficina é outra merda porque, mesmo com carro de substituição, o seguro não paga todas as despesas colaterais, para além das perdas de tempo, e tempo ainda é dinheiro. Não esquecer também que com a polícia vem o "balão", que pode ser muito pouco oportuno, se a ocorrência for após um almoço ou um jantar bem regado...

A condução obriga a uma concentração muito grande ou lá vem o excesso de velocidade (atenção à merda dos radares!), as manobras consideradas perigosas e muitas outras merdas, que todos os automobilistas conhecem ou deviam conhecer, para as evitar.

Cada vez me convenço mais de que a habilitação para conduzir viaturas automóveis devia obrigar à frequência de um curso com a duração mínima de um ano lectivo, ministrado em estabelecimento oficial. Talvez assim a merda na condução fosse menor e a segurança nas estradas maior. Acreditem que não estou a brincar.

Quando conduzimos é frequente dizermos merda, ou por outras palavras: "porra!", "arre!" ou "irra!". Os "aceleras" e os "azelhas" partilham entre si, serem alvo destes mimos cujo significado já vimos anteriormente.

Os acidentes continuam em alta, nomeadamente os atropelamentos. Aqui as culpas dividem-se entre automobilistas e peões. Nas zebras, ao contrário do que muitos pensam, os peões não têm prioridade absoluta mas não deixam de avançar como se a tivessem. Os automobilistas, por seu lado, não reduzem a velocidade. Só há prioridade absoluta nas passagens dotadas de semáforos mas nestas, peões e automobilistas competem a tentar passar com o sinal amarelo ou vermelho e, frequentemente, há merda.

NA HISTÓRIA

A História, desde a antiga à contemporânea, revela-nos situações diversas em que a merda – através do vocábulo e não só - esteve presente.

A História Universal está mesmo recheada de merdas. E entre elas a utilização do vocábulo a que nos dedicamos.

Um dos episódios mais pitorescos deu-se em plena batalha de Waterloo o que, só por si, já foi uma grande merda. O general francês Cambronne, um dos mais notáveis dos exércitos de Napoleão comandou, naquela batalha com os ingleses, a última formação da velha Guarda Imperial. A dada altura da peleja foi intimado a render-se, ao que ele respondeu apenas *"Merde!"*. Foi tão expressivo que dispensa comentários.

Por cá, a 12 de Novembro de 1975, acontecia o inesperado: o Palácio de S. Bento, Assembleia e residência oficial do Primeiro-Ministro, foi cercado por enorme multidão que sequestrou quantos ali se encontravam. Foi uma merda das grandes. Era então chefe do Governo o falecido Almirante Pinheiro de Azevedo, que veio até à varanda do Parlamento, sendo saudado pela dita multidão com gritos de "fascista". O valente militar, que não era de meias palavras, gritou: "Fascista, eu? Vão à bardamerda". Ninguém se atreveu a processá-lo.

NO TRABALHO

Também no campo do Trabalho há muita merda. E não me refiro, apenas, àquela que deriva ou é consequência da própria actividade, como é exemplo o caso dos mecânicos de automóveis que sujam as mãos com óleo, ou o que acontece quando este produto, em vez de ser encaminhado para um tratamento correcto é pura e simplesmente deitado à terra sorrateiramente.

A merda principal, depois dos acidentes mortais, é sem dúvida o desemprego, sobretudo para aquelas e aqueles que querem mesmo trabalhar e não andar a laurear a pevide, à custa do subsídio de desemprego.

Com a merda da globalização – quem teria sido o "génio" que a inventou? – as empresas que têm por norma o lucro a qualquer preço, procuram instalar-se onde o preço do trabalho é mais baixo. Vai daí levantam ferro do local e país onde estão "ancoradas" e rumam para outras paragens, deixando para trás dezenas, centenas ou milhares de trabalhadores com a vida feita numa merda. Chamam-lhes as "deslocalizações"...

Para pôr fim a esta merda os governos deviam exigir uma permanência mínima de cinquenta anos, exigindo garantias para o cumprimento dessa obrigação. Creio que se poria fim ao falso e oportunista investimento estrangeiro.

A merda da tecnologia também contribui para o agravamento da crise, pois cada vez que inventam qualquer coisa que facilite a produção, reduzem a mão-de-obra necessária para fazer um mesmo trabalho. Para mim é um contra-senso que o progresso, em vez de criar mais postos de trabalho, aumente a falta deles e portanto, o desemprego.

Quanto aos salários e vencimentos é outra merda. É inadmissível, por princípio, que quem trabalha não ganhe o necessário para viver com dignidade - claro que os mais pobres e menos qualificados - enquanto outros, mesmo considerando as suas qualificações, ganhem balúrdios e vivam faustosamente, passando ao lado das crises. É evidente que se trata de uma grande merda a que os governantes, por incapacidade ou ignorância, para não dizer cumplicidade, não conseguem (ou não procuram) pôr cobro.

Em resultado desta situação há, à partida, duas consequências: uma é o aumento da emigração, outra a escalada da criminalidade, em particular o roubo com ou sem violência e, a corrupção, que não deixa de ser um roubo. A merda é que tudo isto podia ser evitado ou reduzido. Pelo menos é o que alguns afirmam.

Ainda recentemente, um estudo realizado pelo Instituto Superior das Ciências do Trabalho e da Empresa, concluía que as medidas adoptadas no combate à corrupção são ineficazes e as culpas dessa situação vão em primeiro lugar para o Governo e, a seguir, para o aparelho judicial. Dá para entender esta merda? Seria uma solução pôr o Governo a frequentar aquele instituto, não acham?

Temos o caso daquele vereador municipal que tinha, nada mais nada menos, que 32 assessores? Não é um caso típico de corrupção mas é, sem dúvida, de esbanjamento dos dinheiros públicos. Seria interessante poder saber-se qual era o trabalho de cada um deles, se é que faziam alguma coisa mais do que concorrência a elogiar o "patrão"… e receber três ou quatro mil euros por mês.

A conclusão, seja ela qual for, não deixa de ser uma grande merda.

NO DESPORTO

O Desporto, em particular o Futebol, como já referimos, também está cheio de merdas.

Começa pelo facto de a prática do futebol não ser muito saudável. Os jogos são, por vezes, de uma violência nada salutar, com saldos de lesões mais ou menos graves o que permite à partida considerar que é uma grande merda. Na verdade os trabalhadores do futebol não praticam desporto, trabalham para ganhar uns milhares ou milhões. É uma actividade, podemos dizer mesmo um emprego, pesada mas muito lucrativa, em particular para os que marcam mais golos.

Também aqui entra a corrupção, a vários níveis, como parece poder deduzir-se do caso do "Apito Dourado". Se vai ser provado ou não em tribunal ainda não se sabe. Que há "fumos" de merda há, mas se não forem encontradas provas fica tudo em águas de bacalhau, cujo cheiro não é lá muito agradável.

Nas modalidades desportivas mais salutares, como é o caso do Atletismo, a merda é que os atletas, na sua maior parte, dependem de apoios financeiros pois o treino só por si não dá dinheiro e nas competições não podem ganhar todos. Acaba por ser a publicidade, quando há, a dar uma ajuda. O que é manifestamente pouco, quando se trata de atletas de alta competição.

NO "JET SET"

A maioria das pessoas badaladas, em particular, nas revistas "cor-de-rosa", consideradas do "Jet Set", e mais modernamente alcunhadas por "socialites", deixam muito a desejar na sua capacidade social e nos meios de fortuna. Quer-me parecer que a maior parte "abanca" de borla como contrapartida da publicidade que fazem. Ainda recentemente soube-se que, muitas das mais badaladas figuras, cobram uma "taxa", pela sua "presença". As "tias" vestem e calçam de borla por empréstimo da alta costura portuguesa e compõem as festas "bem", em que marcam presença. As fotografias com legendas a condizer são o máximo na alimentação da bisbilhotice e do *diz-se*, diz-se, que muitas vezes é mentira.

A bisbilhotice é "alimentada" pelos fotógrafos, com imagens mais ou menos indiscretas de artistas e candidatos, dos casamentos e divórcios dos "socialites", a ilustrarem textos "manchetes" a condizer. Parece um mundo cheio de felicidade mas, por vezes, não será mais do que um disfarce para muitas merdas. Mas não deixa de ser o alimento ideal para as muitas revistas "cor-de-rosa" que se vendem para aí.

Cá para mim o verdadeiro "jet set", as famílias com nome cotado na alta sociedade, fecha-se em copas, discretamente, para não dar azo a especulações que não lhes interessam, e negam-se a misturar-se com quem não conhecem.

Acabo por chegar à conclusão que, afinal, tudo não passa de fantasias. Mas lá que fazem "vender papel" isso fazem.

NO AMBIENTE

Toda a gente, a nível nacional e internacional, desde os governos aos cidadãos anónimos, fala do ambiente: da sua importância vital para o futuro da Humanidade, dos seus mais visíveis problemas mas, quando chega a hora de tomar decisões que mexem com interesses, é uma merda. As grandes indústrias poluentes movimentam milhões... e o buraco no ozono é relativizado.

Por cá, a importância dada ao Ambiente é tão grande que até lhe consagraram, nada mais, nada menos, do que um Ministério... ou será Mistério, já que pouco ou nada se fala dele?

O que não é mistério algum são os mil e um problemas com que nos confrontamos diariamente. São múltiplas as coisas que originam poluição mas, ao que parece, são à partida classificadas como sem interesse ou com interesse. Parece que as segundas classificadas o são porque proporcionam multas chorudas.

A chamada "política do ambiente" acaba por ser um somatório de boas intenções, para não dizer uma merdice. Vejamos o que acontece, habitualmente.

Por exemplo, em qualquer rio ou ribeira é detectada uma descarga poluente, que começa por matar os peixinhos, em maior ou menor quantidade. O caso aparece nas páginas dos diários, quase sempre com o anúncio a um inquérito. Depois, nunca mais se ouve falar no caso. Pelos vistos deixou de ser notícia. Ficamos sem saber as conclusões do inquérito: quem foi o responsável, se houve multa ou se não se concluiu nada, para além de ter havido poluição criminosa. Temos de reconhecer que isto em nada contribui para combater os maus procedimentos. Temos igualmente de reconhecer que é uma merda!

Diria ser do conhecimento geral que o rio Lis, que banha Leiria, é um dos mais afectados pela poluição, com as frequentes e criminosas descargas de suiniculturas existentes nas suas margens ou muito próximas delas. Correu recentemente, segundo foi noticiado, uma recolha de assinaturas de cidadãos que se insurgiam contra aquela deplorável e criminosa situação. A ver vamos se, quem de direito, vai obrigar os industriais a dotarem as suas explorações das indispensáveis estações de tratamento, sem as quais nunca deviam ter sido autorizadas a laborar.

A queima de resíduos nas cimenteiras é outro bom exemplo a apontar. Começa por ainda não se ter esclarecido bem quais as verdadeiras consequências da queima para a vida, de humanos, animais e aves.

Se não há consequências nocivas porque se opõem ambientalistas e populações? E não havendo, porque não vai o processo em frente. Das duas, uma: ou há merda ou falta de autoridade. Dadas as medidas cautelares aprovadas pelos tribunais, tudo leva a crer, até prova em contrário, que há mesmo merda. No entanto, segundo as mais recentes notícias, a queima vai efectuar-se.

O tabagismo volta a estar na ordem do dia. O cerco aos fumadores tem vindo a aperta-se cada vez mais.

Da parte dos não fumadores as críticas são impiedosas e não tenho grandes dúvidas de que, para alguns, já haveria uma nova Inquisição, que condenaria à fogueira quem ousasse (mesmo em privado) acender um cigarro ou um charuto. Parecem mais inclinados a perdoar a quem acende um "charro", ignorando o mal que possam causar a terceiros. Mas será que os "fundamentalistas" não fumadores se preocupam com o que incomodam o próximo quando circulam no seu automóvel poluidor ou sacodem uns "inocentes" tapetes ou lençóis à janela, sobre os despreocupados e indefesos transeuntes? Não será uma merda?

Finalmente os não fumadores viram os seus desejos atendidos com a nova Lei do Tabaco. As restrições ampliaram-se e os locais para os (criminosos) fumadores são um encargo tão pesado que desencoraja os proprietários dos pequenos estabelecimentos de restauração. Mas já há alguns a queixarem-se de prejuízos. Seja como for, a Liberdade sofreu mais um aperto, vamos ver até quando.

Mas há mais. E está há muito na ordem do dia sem que as autoridades pareçam muito interessadas em lhe dar a devida atenção: a poluição sonora. Não sei se já se aperceberam da intensa publicidade aos aparelhos auditivos... para seniores (dizer velhos é uma merda).

E não sei se já repararam na quantidade de gente jovem que anda, durante o dia, diria mesmo constantemente, de auricular no ouvido. À noite vão para a discoteca onde a música é tocada em altos berros. Diria que são candidatos, a curto prazo, a ingressar na categoria dos surdos. Mas será que alguém dá ouvidos a isto? Ou já está tudo surdo?

Apercebi-me melhor do problema da poluição sonora quando um destes dias fui a um restaurante de bairro, sozinho, e me apercebi da maneira como a maioria das pessoas falam alto (para não dizer aos berros). A certa altura todos falam muito alto e o barulho torna-se ensurdecedor, mesmo para quem já ouve mal, como é o meu caso. Suspeito que é uma consequência adulterada da liberdade, de um direito democrático: falar livremente. Uma coisa é certa: é uma merda!

O lixo em geral é outro dos problemas que parece não ter solução adequada. Em Lisboa, a Câmara colocou, estrategicamente ao longo da cidade, grandes recipientes conhecidos por "vidrões" – que ao contrário do que o nome sugere são de plástico – para papel e cartão, embalagens diversas, plásticos e garrafas. Mas diariamente andam camionetas a recolher tudo o que (incluindo plásticos e cartão) as pessoas amontoam no chão junto aos "vidrões". A poluição é visível e chocante, sobretudo pela variedade de artigos depositados que vão desde roupa e sapatos velhos a latas de tinta...

Além do espectáculo triste, que nada abona a higiene de muitos alfacinhas, a Câmara obriga-se a uma despesa que seria evitável se os cidadãos poluentes não fossem tão porcalhões... Dispenso-me de dizer que é uma grande ...

NA CULTURA

A cultura em Portugal é uma bonita manta de retalhos. Dada, ao que parece, a importância que lhe é atribuída, tem um Ministério.

No seu âmbito acho que devemos considerar a Literatura, a Música, a Pintura, a Escultura, a Cerâmica, o Bailado, o Canto, o Teatro e o Cinema e tudo aquilo em que cada uma das especialidades se desdobra ou se concentra, como é o caso dos Museus. Autores e artistas, uns safam-se, outros sobrevivem. Mas a verdade é que quase todos se queixam: é uma merda.

Os autores queixam-se de falta de editores, estes de leitores ou ouvintes e, também de falta de protecção do Estado; os artistas queixam-se de baixas cotações na pintura, escultura e cerâmica, enquanto são vivos. Quando morrem, os valores disparam. No bailado, teatro e cinema, faltam companhias, teatros e produtores, sobretudo dispostos a arriscar. Não deixa, no entanto, de haver alguns poucos bons exemplos.

Na literatura, os livros vendem-se não pelo seu valor intrínseco mas pelo nome do autor e pelos cambiantes políticos da obra ou, ainda, pelos prémios recebidos. Serão muito poucos os que conseguem viver com o rendimento do seu trabalho.

Merdosos não faltam.

NO JORNALISMO

O jornalismo em Portugal é um dos sectores que tem registado maiores evoluções, tanto negativas como positivas, a começar pelo valor individual do jornalista. Houve, no século passado, o que se pode considerar grandes vultos na profissão, pelos seus artigos e reportagens, livros e cargos.

Gostaria de citar nomes mas seria uma merda esquecer algum. Por isso não o faço. Não posso deixar de referir contudo um facto curioso: ao longo dos tempos muitas altas figuras, nomeadamente governantes e diplomatas, tiveram passagem, mais ou menos duradoura ou efémera, pelo jornalismo, o que reduz a merda na (e da) profissão.

Actualmente grande parte dos jornalistas, em Portugal, ganham nome pela sua presença activa nos écrans das televisões ou pelos temas "escaldantes" de que falam. Em relativo desfavor dos que escrevem e não "dão a cara".

Alguns dos muitos que falam, não sabem escrever português sem erros de ortografia... Sei de uma jornalista que esteve na televisão, (que sabe escrever e falar) que reuniu umas largas centenas de textos de outros "jornalistas" com erros de palmatória. Pena que não se tenha resolvido a publicá-los, em livro.

Longe vai o tempo em que os jornalistas tinham "tarimba" e não se "fabricavam" em qualquer universidade. Ou tinham vocação ou iam à vida. A universidade dá cultura, lá isso dá, mas não dá vocação, nem parece ensinar muito bem o português. O mesmo acontece, por exemplo, com arquitectos, engenheiros, pintores, escultores, etc.. Ou se destacam por vocação ou não saem do anonimato. É uma merda, mas é assim mesmo.

NA DOENÇA

Só por si a doença, seja ela passageira ou incurável, é uma... No primeiro caso, além de interromper ou afectar temporariamente a nossa vida normal, representa uma despesa extraordinária, desde o médico aos medicamentos. No segundo, pior, pois além disso tudo leva-nos a avaliar melhor tudo o que iremos perder irremediavelmente.

No primeiro caso, teremos de considerar, à partida, a importância do diagnóstico. Se ele estiver correcto facilitará a cura, senão... É possível que o mal não seja fácil de identificar, que não permita sequer haver um diagnóstico e aqui sim, não há a mínima dúvida de que é uma grande merda. Corre-se o risco de andar de médico para médico, de medicamento para medicamento, sentindo no corpo (e na alma) o crescente agravamento do mal desconhecido, inidentificável corroendo o nosso desejo de voltar à normalidade perdida.

Quando a esta situação se junta o peso da idade, pode levar a uma desastrosa situação de revolta e desespero pela falta de recuperação, pela desilusão de nos sentirmos completamente impotentes à medida que vamos perdendo capacidades. É de certo modo a sensação de ter uma doença incurável mas sem qualquer hipótese de previsão do fim. Para muitos a esperança mantém uma enganadora sensação de normalidade, sobretudo quando o mal não afecta um correcto funcionamento do cérebro e das capacidades motoras. As despesas... bem, é melhor não falar disso porque então a merda será maior.

Não é fácil - diria mesmo que é difícil - encontrar o médico que se disponha a não dar importância à idade mas apenas à doença e interessar-se vivamente por encontrar a cura desejada. Por mim, irrita-me profundamente quando, a primeira coisa que no acto da marcação de uma consulta fazem é perguntar a idade. Apetece-me responder se a pergunta se refere à idade aparente ou à idade no bilhete de identidade. Porque continuo convencido de que temos realmente duas idades: aquela com que nos sentimos e aquela que conta a partir do nascimento. Até por vezes digo, em ar de graça, que do aspecto não me queixo, queixo-me é do resto...

Imaginem só, um homem agarrado a uma bengala, andando com grande dificuldade, sentar-se ao volante de um carro e circular normalmente, com a mesma facilidade com que sempre o fez ao longo dos anos! Não ter força nas pernas e no entanto manter a mesma força nos braços para erguer pesos respeitáveis. Então não será uma grande m...?

É extremamente doloroso quando nos interrogamos: mas afinal o que é que eu tenho? De que mal sofro? Como é possível que seja uma consequência da idade se outros, mais velhos, não têm os mesmos problemas?

UNIÃO ... EUROPEIA

A Europa parece estar transformada num enorme campo experimental onde se semeiam novas ideias, esperando-se volumosa e compensadora colheita. A união é, pela primeira vez na História, voluntária e tem, entre os seus objectivos, a finalidade de obter uma paz duradoura, depois de muitas guerras nos últimos séculos. Nas suas muitas iniciativas Bruxelas decreta, os governos submetem-se e os povos aguentam de cara alegre. Lá diz o velho ditado que "tristezas não pagam dívidas"...

Nasceu em Roma mas já cresceu até ao Leste, agigantando-se na aglutinação de muitos povos e tradições. Anulou fronteiras tradicionais e pretendeu mesmo criar uma constituição. Mas aqui surgiu um pequeno revés. Alguns não quiseram perder parte das suas tradições e portanto, nada de constituição mas um tratado.

Para os mais acérrimos defensores do europeísmo foi mesmo uma merda.

Para os que não vêem com bons olhos a salganhada de países, foi um marcar passo desejado. Não acreditam que possa conseguir-se um entendimento perfeito entre 27 países, de costumes e línguas diferentes, alguns dos quais já foram inimigos entre si e não terão esquecido totalmente agravos sofridos. De qualquer modo a constituição foi às malvas e sucedeu-lhe um tratado, o Tratado de Lisboa que, uns dizem ser bom, outros uma merda. E para que o

Tratado não corra o rico de ser maltratado, acabaram-se os referendos. Os Parlamentos vão poupar aos cidadãos o trabalho de irem às urnas. Uma tão grande atenção para com o povo e ainda refilam.

Creio que só resta saber até quando a Europa conseguirá ser uma União?! Também o Império Romano nasceu em Roma, expandiu-se e foi o que se viu...

A MERDA NÃO SE ESGOTA

Uma coisa se apresenta como certa, inalterável, impiedosa: por mais que se faça, a merda não se acaba. Tranquilizem-se os que têm dúvidas. Todos os dias se removem toneladas e toneladas de porcaria para dar lugar a outras e outras muitas toneladas. É como uma maldição que não tem fim.

Mas este livro tem um fim, mesmo deixando muita merda de fora. Acabou. Ponto final. E quero deixar a todos um aviso muito claro: que ninguém pense em candidatar-me ao Nobel. Para merda, já basta.

Estou cheio de comichões, o que não admira depois de ter andado a remexer em tanta merda. Vou tomar um duche e ganhar coragem para continuar a suportar tanta...

RUY MIGUEL

———————————

www.ingramcontent.com/pod-product-compliance
Lightning Source LLC
Chambersburg PA
CBHW021120020426
42331CB00004B/563